UN
ORIENTALISTE ALSACIEN
DANIEL KIEFFER

COMMUNICATION

FAITE AU CONGRÈS DES SOCIÉTÉS SAVANTES

LE 28 MAI 1920

PAR

M. HENRI DEHÉRAIN

MEMBRE DU COMITÉ DES TRAVAUX HISTORIQUES ET SCIENTIFIQUES
CONSERVATEUR DE LA BIBLIOTHÈQUE DE L'INSTITUT

(Extrait du *Bulletin de la Section de Géographie*, 1920.)

PARIS
IMPRIMERIE NATIONALE

MDCCCCXX

UN ORIENTALISTE ALSACIEN,

DANIEL KIEFFER.

COMMUNICATION

FAITE AU CONGRÈS DES SOCIÉTÉS SAVANTES,

LE 28 MAI 1920,

PAR M. HENRI DEHÉRAIN,

Membre du Comité des Travaux historiques et scientifiques,
Conservateur de la Bibliothèque de l'Institut.

La Section de géographie du Comité des Travaux historiques et
scientifiques a, depuis son origine, considéré comme l'un de ses
devoirs de tirer de l'oubli les savants, les voyageurs et les agents
diplomatiques qui ont contribué à faire connaître la géographie
physique, l'ethnographie et les langages des pays exotiques où ils
ont séjourné.

Me conformant à cette tradition, je me propose de vous entretenir de l'orientaliste alsacien Daniel Kieffer, qui résida de 1796
à 1803 à Constantinople comme secrétaire interprète de l'ambassade de France, y apprit la langue des Turcs et s'instruisit de leurs
usages, qui, ensuite revenu en France, fut nommé secrétaire interprète du Ministère des Affaires étrangères et professeur de turc au
Collège de France.

Des documents conservés dans les Archives du Ministère des
Affaires étrangères, dans celles de l'ambassade de France à Constantinople et dans une collection particulière libéralement mise à
ma disposition [1], m'ont fourni les éléments de cette biographie.

---

[1] M. Albert Fouques-Duparc, ministre plénipotentiaire, descendant de Pierre
Ruffin, m'a ouvert sa précieuse collection de papiers de famille avec une obligeance dont je tiens à lui exprimer ici mes plus vifs remerciements.

I

JEUNESSE DE DANIEL KIEFFER. — SON ARRIVÉE À CONSTANTINOPLE.

Daniel Kieffer naquit à Strasbourg le 4 mai 1767. Il fit son éducation à Strasbourg, où il eut pour maîtres les célèbres philologues Oberlin et Schweighæuser.

Il se destina d'abord au ministère évangélique, mais les langues orientales qui faisaient partie du programme de l'enseignement théologique l'intéressèrent si vivement qu'il résolut de s'adonner exclusivement à leur étude. Arrivé à Paris à une date que nous ignorons, Kieffer fut attaché, le 3 frimaire an III (23 novembre 1794), au Secrétariat du Comité de Salut public, en qualité de traducteur. Il occupa cet emploi environ seize mois, puis il partit pour l'Orient.

Nommé deuxième secrétaire interprète à l'ambassade de France à Constantinople, le 13 ventôse an IV (3 mars 1796), Kieffer eut pour chef, lors de son arrivée à Constantinople, le général AUBERT-DUBAYET, le premier ambassadeur de la République accrédité auprès du Sultan depuis le début de la Révolution. Mais, surtout, il rencontra un autre personnage qui devait avoir sur sa vie une influence décisive, le premier secrétaire Pierre Ruffin.

Âgé alors de cinquante-quatre ans, Pierre Ruffin jouissait, à Constantinople et dans toutes les Échelles du Levant, d'une réputation de droiture, d'habileté diplomatique et de savoir qui allait croître encore pendant les événements très graves auxquels Kieffer allait participer en sa compagnie.

RUFFIN était né en Orient, à Salonique. Après être passé par l'École des Jeunes de langue au collège Louis-le-Grand à Paris, il était revenu à Constantinople et avait servi sous les ordres de M. DE VERGENNES. Adjoint du baron de Tott au consulat général de Crimée, il avait accompagné le Khan des Tartares dans la guerre contre les Russes, qui l'avaient fait prisonnier.

Revenu à Constantinople, il avait servi sous les ordres de M. le chevalier DE SAINT-PRIEST. Rappelé en France en 1774, il avait été secrétaire interprète du Roi au département des Affaires étrangères et, conjointement, professeur des langues turque et persane au Collège de France. En l'an III, il avait consenti, sur les instances du Comité de Salut public, à retourner à Constantinople comme secrétaire interprète de l'ambassade.

Avoir des rapports quotidiens avec un spécialiste de l'Orient aussi remarquablement instruit que Ruffin était, pour un débutant, une bonne fortune.

Sur les premiers temps du séjour de Kieffer à Constantinople, nous manquons de renseignements. Pourtant nous possédons une lettre qu'il adressa, le 25 brumaire an VI (15 novembre 1797), à Ruffin pour lui signaler la situation précaire de la veuve d'un drogman nommé CRUTTA, qui venait de mourir. « Vous connaissez les motifs qui ont engagé le citoyen Crutta à son retour de Pologne de s'attacher inséparablement à la République française. Outre son service comme drogman de la Compagnie d'artillerie légère et puis du général MÉNANT, il a travaillé sans cesse pour la légation et lui a rendu des services essentiels. La liberté et la République avaient dans ce pays peu de partisans et d'amis aussi sincères et aussi zélés. »

Cette lettre, peu importante en soi, témoigne des sentiments altruistes qui distinguèrent Kieffer pendant toute sa vie.

Le général-ambassadeur Aubert-Dubayet étant mort, le général CARRA SAINT-CYR qui l'avait remplacé comme chargé d'affaires ayant été rappelé, ce fut Pierre Ruffin qui fut nommé par le Directoire exécutif chargé d'affaires de France près la Porte ottomane.

Pendant les derniers mois de l'an VI, c'est-à-dire pendant les mois de mars à septembre 1798, les rapports entre la France et la Porte deviennent de plus en plus mauvais. C'est le moment où le général BONAPARTE organise son expédition, la dirige vers l'Égypte, débarque à Alexandrie, remporte la victoire des Pyramides, fait enfin son entrée au Caire. Cependant le ministre des Relations extérieures essayait de convaincre le Gouvernement ottoman de notre désintéressement. « Qu'il ne considère pas l'occupation de l'Égypte comme un acte hostile. Ce sont les Mamelouks et les Mamelouks seuls que nous combattons, faisait-on dire par Ruffin au Divan. Les Français résidant en Egypte ont été victimes d'avanies réitérées de leur part. Puisque jamais la Porte n'a été capable d'obtenir elle-même raison de ces outrages, la France se charge d'infliger aux coupables un châtiment mérité. Bien plus, faisant fi de l'autorité du Grand Seigneur, les Mamelouks ont détaché l'Égypte de l'Empire ottoman. En détruisant cette milice rebelle, la France rend service à son alliée d'ancienne date. Après cette exécution nécessaire, le régime à instituer en Égypte fera l'objet d'un débat et d'un accord entre la France et la Porte. »

Malgré toute son habileté, Pierre RUFFIN ne réussit pas à faire admettre par le Divan cette thèse ingénieuse mais spécieuse. Influencé par nos ennemies d'alors, la Russie et l'Angleterre, redoutant un soulèvement de la populace de Constantinople, qui aurait pu le précipiter du trône, le sultan Sélim III nous déclara la guerre.

II

LA CAPTIVITÉ DE DANIEL KIEFFER AU CHÂTEAU DES SEPT-TOURS.

Les hostilités débutèrent par l'emprisonnement de Pierre RUFFIN et des deux principaux officiers de la légation, KIEFFER et le drogman DANTAN, au château des Sept-Tours, le 16 fructidor an VI (2 septembre 1798).

Ce château est, comme l'on sait, une ancienne forteresse byzantine, déjà fort délabrée à la fin du XVIIIᵉ siècle, maintenant plus en ruine que jamais, qui s'élève à l'extrémité de Stamboul sur les bords de la mer de Marmara.

Kieffer y resta prisonnier avec son chef Ruffin et avec son collègue Dantan pendant trois années, du 16 fructidor an VI (2 septembre 1798) au 8 fructidor an IX (26 août 1801).

Ils y eurent successivement deux catégories de compagnons de captivité.

Pendant les jours qui suivirent le 2 septembre 1798, le Gouvernement turc y interna un certain nombre de Français, arrêtés à Constantinople et dans les Échelles, parmi lesquels notamment JEAN BON SAINT-ANDRÉ, consul général de France à Smyrne. Ce premier groupe de prisonniers ne resta aux Sept-Tours que quelques semaines. Le 13 brumaire an VII (3 novembre 1798), ils en furent tirés pour être relégués dans les forteresses des bords de la mer Noire.

D'autres leur succédèrent, capturés soit en divers points de l'Empire ottoman, soit sur mer, tels que l'adjudant général ROZE, le chef de brigade HOTTE, le capitaine DE RICHEMONT, futur commandant de l'École de Saint-Cyr, Alexandre GÉRARD, frère du célèbre peintre Gérard, François Pouqueville, alors médecin, plus tard diplomate et helléniste.

Durant sa captivité, Kieffer servit à Ruffin de secrétaire et d'agent comptable; il s'efforça de se rendre utile à ses compagnons de captivité, enfin il s'adonna à l'étude des langues orientales, du turc en particulier, avec une application qui devait avoir le plus heureux effet sur sa carrière.

Kieffer tint le livre de comptes de la communauté, intitulé *Journaux de la dépense et de la recette aux Sept-Tours*. Nonobstant qu'il eût l'honneur d'être un fonctionnaire du Département et qu'il fût un lettré, Kieffer ne jugea pas indigne de lui cette besogne matérielle. Il y apporta tout son soin. Tous les deux jours régulièrement, il note recettes et dépenses.

Les recettes consistaient dans une indemnité journalière appelée *taïm*, que la Porte octroyait à certains de ses prisonniers de guerre. Mme Ruffin touchait cette indemnité et la faisait parvenir à son mari par sommes de 100 à 300 piastres deux ou trois fois par mois.

Dans les dépenses figuraient les achats de vivres et de combustible, leurs frais de transport de Péra aux Sept-Tours, l'aménagement et la réparation des pauvres demeures habitées par les prisonniers, la location de leurs meubles, les gages de leurs serviteurs, les gratifications distribuées au personnel turc du château, officiers et soldats.

Kieffer eut encore soin de noter dans son *Journal* les dates d'entrée et de sortie de ses compagnons de captivité. Le 13 brumaire an VII (3 novembre 1798), par exemple, il inscrit les noms des dix-sept personnes que les Turcs avaient fait sortir du château pour les envoyer souffrir dans les forteresses des rivages de la mer Noire.

Le 22 nivôse an VII (11 janvier 1799), il inscrit l'entrée au château du général La Salcette et du chef de brigade Hotte, officiers français faits prisonniers au combat de Préveza, où une poignée de braves isolés sur la côte d'Albanie se défendirent jusqu'à la dernière extrémité contre les hordes d'Ali pacha de Tébelen.

Kieffer n'a garde non plus d'omettre dans son *Journal* les menus incidents, qui pour les prisonniers étaient de grands événements, notamment les visites que Mme Ruffin. sa fille Mme Barthélemy Lesseps et ses enfants étaient autorisés à faire à leur époux et père. A la date du 21 fructidor an VIII (8 septembre 1800) figure cette dépense : «du café qui a été bu au Kiochk, lorsque Mmes Ruffin et Lesseps y vinrent, 2 piastres 6 paras».

En Kieffer Ruffin eut donc un agent comptable exact ; il trouva aussi en lui un banquier.

Quand Ruffin et Kieffer furent arrêtés à la Sublime Porte le 16 fructidor an vi, le premier, bien qu'il ne doutât pas du sort qui l'attendait, était démuni d'argent. Il n'avait sur lui que 37 piastres. Plus audacieux ou plus prudent, Kieffer avait emporté une grosse somme. Il put mettre, pendant le premier mois de leur captivité, du 16 fructidor an vi au 20 vendémiaire an vii, 1,550 piastres à la disposition de son chef. Le versement du taïm par la Porte ne commença qu'en frimaire an vii (novembre-décembre 1798); l'argent de Kieffer constitua donc, pendant les premiers temps de leur captivité, le plus clair des ressources des Français.

Kieffer fit encore quelques menues avances à Ruffin, qui était préoccupé de cette dette, la rappelait souvent à sa femme et lui écrivait notamment le 10 pluviôse an vii (29 janvier 1799) :

N'oubliez pas que nous devons ici 17 à 1800 piastres au C. Kieffer qui les a si généreusement avancées pour payer les 2600 piastres à peu près que j'ai dû dépenser ici pour les réparations indispensables, le loyer d'une maison et de meubles, les frais de transport de vivres, etc. C'est une dette sacrée à laquelle nous devons faire face avant tout.

Kieffer chercha aussi, avons-nous dit, à rendre service à ses compagnons de captivité. Une lettre qu'il adressa le 18 thermidor an viii (5 août 1800) à Barthélemy Lesseps en témoigne. Barthélemy Lesseps était le gendre de Ruffin et l'avait accompagné à Constantinople. Non seulement les Turcs ne l'avaient pas interné au château des Sept-Tours, mais ils l'avaient même reconnu comme le chef des Français prisonniers à Constantinople, qui furent détenus d'abord au Palais de France et ensuite dans une maison particulière de Péra.

Voici donc la lettre de Kieffer à Barthélemy Lesseps :

Vous vous rappelez, mon cher ami, que je vous avais prié il y a plusieurs mois de m'envoyer quelques livres de ma petite bibliothèque, mais qu'espérant ensuite que notre prochaine liberté m'en rendrait l'usage inutile, j'avais contremandé leur envoi. Comme notre captivité se prolonge toujours et que l'occupation est le seul moyen de nous faire supporter l'ennui de notre étroite prison, je réitère ma première demande de nous envoyer le plus tôt que vous pourrez les ouvrages suivants :

De ma bibliothèque : *Grammaire italienne* de Venezoni, *Grammaire allemande et française*, Oberlin ; *Orbis antiquus*, *Xenophontis Cyropaedia* en grec, tous les ouvrages anglais que vous trouverez parmi mes livres, surtout la *Grammaire anglaise* de Peyton, *Histoire d'Angleterre*, *Histoire de la Grèce* par Goldsmith, *Voyage sentimental* par Sterne ;

De la bibliothèque du général Saint-Cyr [1] : les volumes de l'*Encyclopédie* qui traitent de la médecine et de la chimie, les livres qui traitent de la guerre. Après tout cela, je vous prie de voir à Péra si vous ne pouvez pas nous procurer une grammaire de grec ancien, Justinus ou Cornelius Nepos, ou Quintus Curtius en latin, un livre allemand, soit des contes, des histoires ou des romans. Le fils de M. le baron de Hubsch [2] pourrait vous rendre ce service...

Il m'importe beaucoup, mon cher ami, à ce que ces ouvrages nous parviennent, et bientôt, car notre tranquillité à nous tous est intéressée à ce que tout le monde ici soit occupé. Je fais volontiers le sacrifice de mes livres et de mon temps pour maintenir la paix dans notre petit cercle. C'est à ce titre que je vous engage à faire tout votre possible pour nous procurer ces ouvrages et que j'attache le plus grand prix au service que je vous demande aujourd'hui.

Avec empressement Barthélemy Lesseps s'acquitta de la commission, et Kieffer lui en exprime sa reconnaissance quinze jours plus tard, le 2 fructidor an VIII (20 août 1800) :

Je vous remercie, mon cher ami, pour l'envoi des livres que vous avez eu la bonté de nous faire la semaine dernière ; ils nous sont très exactement parvenus et ont répandu pour un instant l'allégresse et le contentement parmi mes compagnons d'infortune. Vous avez si bien fait le choix de divers ouvrages, que presque chacun y a trouvé quelqu'un qui lui convienne. Vous nous faites en même temps espérer un second envoi pour demain, qui complétera notre collection et fournira à mes camarades les moyens de passer leurs loisirs avec un peu moins d'ennui, en attendant que l'heureux moment arrive où nous trouverons dans les bras de nos familles et de nos amis les jouissances et les douces consolations que nous chercherions en vain de puiser dans nos lectures.

[1] En quittant Constantinople, le général CARRA SAINT-CYR, ex-chargé d'affaires, avait confié sa bibliothèque à Kieffer.

[2] Le baron DE HUBSCH, chargé d'affaires de Danemark auprès de la Porte, prit en mains les intérêts des Français détenus en Turquie après le départ du chargé d'affaires d'Espagne, M. DE BOULIGNY, qui s'en était d'abord occupé.

Du latin, du grec, de l'allemand, de l'anglais et de l'italien, Kieffer demande, on le voit, des livres écrits en toutes ces langues ou propres à les enseigner. C'est que, polyglotte, il s'improvisa professeur de langues anciennes et de langues vivantes au plus grand bénéfice de ses compagnons d'infortune. Au capitaine DE RICHEMONT il enseigna l'allemand, et à François POUQUEVILLE le grec ancien. Aidé par KIEFFER, POUQUEVILLE traduisit Homère, et comme il était médecin, il aborda le texte d'Hippocrate. Il fit honneur à son maître, le goût de l'antiquité s'alluma en lui pour ne plus s'éteindre, et l'on a pu dire que ce fut dans cette prison qu'il commença à préparer sa future et lointaine candidature à l'Académie des Inscriptions et Belles-lettres.

Mais ce fut principalement à l'étude des langues orientales que KIEFFER consacra ses longues heures de réclusion. Les circonstances lui donnaient comme maître particulier le professeur même de turc et de persan au Collège de France. Il eut l'esprit de profiter de cette aubaine intellectuelle. Il suivit sa voie sans se permettre d'écart.

Le consul Pascal FOURCADE, qui avait été transféré, par ordre de la Porte, de la Canée à la maison d'arrêt de Péra, lui offre, le 24 thermidor an VIII (12 août 1800), des ouvrages de botanique, le *Cours d'études* de Condillac et des Extraits de Strabon. Kieffer décline ces propositions :

Veuillez bien, mon cher ami, écrit-il à Barthélemy LESSEPS le 2 fructidor an VIII (20 août 1800), remercier le C. Fourcade de l'offre obligeante qu'il a eu la bonté de nous faire par le canal du C. Ruffin, de Condillac, de plusieurs ouvrages de botanique et des extraits de la *Géographie* de Strabon. Je suis bien sensible surtout pour ce dernier article, mais je ne mérite pas tant de bontés et le C. Fourcade me fait trop d'honneur en me croyant occupé à des recherches savantes sur l'antiquité, car depuis quinze mois j'ai quitté la lecture et toute autre étude pour me livrer exclusivement à celle des langues orientales ; je tâche de profiter des talents distingués et de la complaisance sans bornes du cit. Ruffin pour apprendre un peu le turc, l'arabe et le persan, et je consacre mes moments de loisir à mes camarades de prison, pour leur donner quelques leçons dans le grec, le latin, l'allemand et l'anglais, autant que mes faibles connaissances me le permettent.

Mais en revanche, au même moment, à « des firmans pour apprendre à lire le turc » envoyés le 30 thermidor an VIII (18 août

1800) par Barthélemy Lesseps, Kieffer fait le meilleur accueil. Ruffin attestait son zèle dans une lettre à sa fille : «Le cit. Kieffer est tout entier à l'étude des langues orientales». Et beaucoup plus tard, dans une lettre du 30 janvier 1810, Kieffer lui rappelait qu'il avait traduit avec ses conseils le premier livre du *Gulistan* de Saadi. C'est ainsi que, sous la direction de Ruffin, Kieffer devint un orientaliste et spécialement un turcisant fort distingué. On verra plus loin les conséquences qu'eut pour sa carrière l'application avec laquelle il poursuivit ces études.

Mais, surtout, Kieffer fut d'un grand appui moral pour Ruffin. Entre ces dix à quinze personnes enfermées dans ce château, dépourvues d'occupation, aigries par la prolongation de leur injuste captivité, la concorde ne régnait pas toujours.

Kieffer s'ingénia à seconder les efforts de son chef pour maintenir la paix. Ruffin lui en était reconnaissant. «La sagesse et l'attachement du C. Kieffer me deviennent chaque jour plus précieux», écrivait-il à sa femme le 27 messidor an VII (15 juillet 1799).

Il avait laissé un bon souvenir à un autre de ses compagnons d'infortune, le baron de Richemont, qui, dans ses *Mémoires* écrits cinquante ans après les événements, le caractérise ainsi : «Homme sérieux, d'une instruction solide, appropriée à la nature et à l'objet de ses fonctions, d'un caractère calme et bienveillant, d'un jugement sain et exercé sur toutes les matières de la compétence diplomatique, ami sûr et fidèle».

Ruffin, Kieffer et Dantan sortirent enfin du château des Sept-Tours le 8 fructidor an IX (26 août 1801), et rentrèrent à Péra.

Ruffin fut réintégré par le Gouvernement français dans ses fonctions de chargé d'affaires et Kieffer conserva celles de secrétaire interprète à la légation de France. Ils continuèrent à travailler en commun.

Talleyrand donna à Ruffin des instructions pour s'entendre avec le Gouvernement ottoman sur l'exécution de l'article VI du traité de paix signé le 6 messidor an X (25 juin 1802). Cet article prévoyait la conclusion d'une convention particulière entre la France et la Turquie relative aux restitutions et dédommagements dus aux agents et sujets des deux puissances lésés dans leurs biens pendant la guerre.

Kieffer fut adjoint à Ruffin, qui, dans une lettre à Talleyrand du 27 thermidor an x (15 août 1802), s'en félicitait en ces termes:

L'esprit d'ordre et de suite qui distingue le C. Kieffer et les notions sûres qu'il possède des choses et des personnes, seront extrêmement utiles pour l'accomplissement de vos instructions sur la marche que devra tenir la Commission une fois organisée, soit pour s'assembler et régler chaque point, soit pour remettre au chef de la légation les comptes partiels arrêtés par les commissaires et en faire requérir de la Porte l'acquittement successif.

En conséquence, aux conférences qu'il tint avec le commissaire turc Ibrahim Besim effendi pour obtenir du Gouvernement ottoman la restitution aux Français des biens immeubles saisis pendant la guerre, Ruffin fut régulièrement accompagné de Kieffer.

Il le chargea également de recevoir, le 28 vendémiaire an xi (20 octobre 1802), le matériel d'imprimerie (caractères, presses, tables, planches) qui avait été enlevé en fructidor an vi au Palais de France dans le corps de logis habité par les Jeunes de langue.

III

RETOUR DE DANIEL KIEFFER EN FRANCE AVEC L'AMBASSADEUR TURC.

La conclusion de la paix entre la France et l'Empire ottoman, le 6 messidor an x (25 juin 1802), eut pour conséquence le rétablissement des relations diplomatiques. Notre ambassadeur, le général Brune, arriva à Constantinople le 16 nivôse an xi (6 janvier 1803). Après maintes tergiversations, le Gouvernement ottoman se décida à son tour à accréditer auprès du Premier Consul un représentant et désigna Halet effendi. Les précédents ambassadeurs turcs, Ali effendi et Galib effendi, avaient été accompagnés en France, le premier par Venture de Paradis, le second par le drogman Antoine Franchini.

Le général Brune se conforma à ces sages précédents. Il chargea Kieffer de cette mission, et il informa Talleyrand de son choix, le 1ᵉʳ prairial an xi (21 mai 1803):

La Porte m'a assuré que le départ de cet ambassadeur aurait lieu sous peu de jours. J'ai pensé que, dans les circonstances présentes, il était utile et convenable de faire accompagner Halet effendi par un des secrétaires de la Légation, chargé de lui donner pendant la route des notions saines et exactes du gouvernement, de la puissance et des relations politiques de la France avec les autres nations, de l'entretenir constamment des liaisons et rapports d'intimité qui ont été si heureusement rétablis entre la République et la Porte, de le prémunir contre les suggestions perfides que des personnes peu amies de la France chercheraient à lui insinuer dans les diverses contrées où il passera, de lui procurer une réception honorable sur notre frontière, de lui faciliter son voyage sur le territoire français, de profiter enfin de la confiance qu'il aura su inspirer à ce ministre pendant la route pour le diriger dans les premiers jours de son séjour dans la Capitale, de veiller en un mot à ce que nulle prévention défavorable ne puisse avoir accès à son esprit et que nulle affection fâcheuse ne puisse se glisser dans son cœur.

Pour remplir cette mission aussi importante que délicate, j'ai choisi le citoyen Kieffer, secrétaire interprète de l'ambassade, qui, à la pratique des langues turque et allemande, joint la connaissance des mœurs et du caractère des Turcs acquise par un long séjour dans cette capitale et jouit de l'estime et de la confiance du Ministère ottoman [1].

Halet effendi et Kieffer partirent de Constantinople le 25 messidor an xi (14 juillet 1803).

Trois lettres, encore inédites, écrites par Kieffer à Ruffin, de Bucarest (premiers jours d'août 1803), de Vienne (14 fructidor an xi-1er septembre 1803), de Paris (8 vendémiaire an xii 1er octobre 1803), permettent de les suivre dans leur voyage.

Les brigands s'étant trouvés sur la route de Quarante-Églises, écrit Kieffer, le pacha qui commande un corps de troupes à Lulé Borgaz nous conseilla de prendre celle d'Andrinople, ce que nous fîmes après avoir pris une escorte de 60 cavaliers qui étaient tous disposés à prendre la fuite à la première apparition des voleurs. Fort heureusement, nous n'en avons point rencontré. A Andrinople, je fus reçu à bras ouverts par le bon Meynard et sa famille. Je dînai deux fois chez lui et réparai un peu les forces que la mauvaise nourriture et les gites peu commodes avaient diminuées. Sur toute la route nous logions à part avec les deux drogmans et le médecin chez des chrétiens grecs et arméniens, tandis que l'ambassadeur prenait toujours son conak chez les chefs turcs du pays.

Ils quittèrent Andrinople le 4 thermidor an xi (23 juillet 1803) et, par Eski Zagra, Kissanlik, le col de Chipka, Ternova, ils attei-

---

[1] Ce fragment de lettre a déjà été publié dans notre ouvrage, *Silvestre de Sacy et ses correspondants*, 1 volume in-4°, Paris, 1919, p. 70.

gnirent, le 11 thermidor (3o juillet), Routchouk sur le Danube. La traversée du Balkan avait présenté quelques difficultés que Kieffer relate en ces termes :

> Nous passâmes le Balkan à cheval; ma voiture eut l'essieu de derrière cassé dans ces détestables montagnes; le cheval s'abattit aussi sous moi, et je me ressens encore un peu de ma chute. Je crois que c'est le premier et le dernier voyage que je ferai avec les Turcs et dans ces contrées. J'aimerais mieux de revenir par mer au risque d'être pris par les Anglais.

Ils arrivèrent enfin à Bucarest le 14 thermidor an XI (2 août 1803).

L'hospodar de Valachie était alors le prince YPSILANTI, ce même personnage qui, étant drogman de la Porte, avait, le 16 fructidor an VI (2 septembre 1798), signifié à Ruffin qu'il allait, avec ses deux adjoints Kieffer et Dantan, être traduit au château des Sept-Tours. Kieffer ne l'avait pas revu depuis cette mémorable journée.

> M. SAINTE-LUCE, écrit Kieffer, m'a conduit chez le prince Ypsilanti, qui m'a reçu assez froidement; il m'a demandé de vos nouvelles. Il ne voulait pas croire à l'arrivée de l'ambassadeur turc et soutenait que la Porte avait mal fait de l'envoyer dans la présente circonstance. Je cherchai à amener la conversation sur le passé, mais il évita toutes mes questions.

Constant dans son hostilité à l'égard de la France, YPSILANTI chercha à empêcher Halet effendi de continuer son voyage.

> J'ai fait dire au prince par M. DE GASPARY BELLEVAL que, si nous restions plus longtemps ici, je rejeterais tout le retard sur le prince et que j'écrirais en conséquence au général Brune.

La traversée de la Valachie et du Banat fut pénible.

> Des obstacles sans nombre, écrit KIEFFER, nous ont constamment contrariés : les nombreux bagages, les chevaux pour le Premier Consul, de mauvais arrangements pris par le premier drogman, des maladies. Presque toute la suite de l'ambassadeur a eu la fièvre en route; le khaznadar aga de Son Excellence est mort dans le Banat. Ma santé a résisté.

L'allure s'accéléra quand KIEFFER prit la direction du voyage.

> L'ambassadeur, en sortant de Temesvar, m'a prié de le conduire à Vienne en se remettant entièrement à mes soins. J'ai eu le bonheur de le conduire

ici sans aucun accident, avec beaucoup de célérité, peu de frais et à la satisfaction de tous. J'ai gagné la confiance et l'amitié de Halet effendi; il m'en donne des preuves dans toutes les occasions.

L'accueil que Kieffer reçut à Vienne le flatta.

J'ai été personnellement comblé d'attentions et d'égards par tous les généraux autrichiens. Le C. Champagny m'a demandé de vos nouvelles, il vous estime beaucoup; je mange tous les jours chez lui; il m'a même offert un logement dans son palais, mais j'ai préféré de rester avec Halet effendi, qui mérite le plus sincère attachement de ma part.

Le 29 fructidor an XI (16 septembre 1803), ils arrivèrent à Strasbourg. Les parents et amis de Kieffer ne furent sans doute pas médiocrement surpris de le voir rentrer dans sa ville natale comme guide et conseiller d'un ambassadeur turc. De son passage à Strasbourg, nous n'avons malheureusement aucune relation.

Kieffer avait écrit de Bucarest, le 17 thermidor an XI (5 août 1803), au Ministère des Relations extérieures pour demander qu'il fût rendu à HALET EFFENDI à son arrivée à Strasbourg des honneurs équivalents à ceux reçus par le général BRUNE sur le Bosphore, et qu'un « officier de distinction » fût envoyé au-devant d'Halet effendi à quinze ou vingt lieues de Paris.

TALLEYRAND fit-il droit à cette demande? Nous l'ignorons : dans sa lettre du 8 vendémiaire an XII (1er octobre 1803), Kieffer informe Ruffin de son arrivée à Paris le 5e jour complémentaire an XI (22 septembre 1803), soit soixante et onze jours après son départ de Constantinople, mais il omet tout détail sur la fin du voyage.

Je suis toujours très bien dans l'esprit de Halet effendi, poursuit-il, et je loge avec lui à l'ancien hôtel Monaco, rue Dominique. L'ambassadeur sera présenté demain au Premier Consul; le ministre m'a promis de me présenter en même temps.

Mais, quelques mois après, il est moins satisfait d'HALET EFFENDI.

Je n'ai plus lieu d'être aussi content de lui, écrit-il à Ruffin le 19 nivôse an XII (10 janvier 1804); il a pris ici une conduite diamétralement opposée à celle qu'il nous avait fait espérer qu'il prendrait. Il vit de la manière la plus retirée, ne fréquente point les cercles des Consuls et du Corps diplomatique, n'apprend pas le français et ne cherche pas à s'instruire. S'il continue sur ce pied-là, il sera un agent nul pour la Porte. J'attends la fin du Ramazan pour le secouer un peu. Il est vrai que le défaut de fonds et la modicité de son traitement ne lui permettent pas de faire les dépenses qui conviendraient au caractère éminent dont il est revêtu.

Quels rapports eurent-ils par la suite, nous l'ignorons, KIEFFER cessant de mentionner HALET EFFENDI dans sa correspondance; et d'ailleurs il avait désormais d'autres soucis.

IV

DANIEL KIEFFER, SECRÉTAIRE INTERPRÈTE AU MINISTÈRE DES RELATIONS EXTÉRIEURES.

Dès qu'il se présenta au Ministère des Relations extérieures, KIEFFER s'y sentit entouré de sympathie. Les éloges de RUFFIN l'y avaient précédé. Des Sept-Tours, celui-ci écrivait le 22 ventôse an VIII (13 mars 1800) au Ministre :

Avancez, indemnisez, gratifiez le C. Kieffer, qui non content de m'avoir secondé en tout n'a cessé de m'édifier par sa résignation, de me consoler par l'obligeance de ses soins et de me rendre précieux le temps de ma détention par l'emploi utile qu'il en a fait pour son avancement dans les langues orientales.

Et dix-huit mois plus tard, le 4 vendémiaire an X (26 septembre 1801), RUFFIN avait encore écrit :

Quant au C. Kieffer, j'ai eu l'honneur de vous rendre compte de la conduite pleine de sagesse et infiniment consolante pour moi qu'il a tenue constamment durant notre détention, de son application aux langues orientales et des progrès qu'il a faits dans un genre d'érudition qui doit fixer l'intérêt du Ministre, attendu le besoin et la rareté des sujets distingués dans cette partie; mais je ne puis me dispenser d'ajouter aujourd'hui à la louange du C. Kieffer qu'il est seul et sait suffire jusqu'à présent à toute la besogne du secrétariat de la légation qui n'a jamais été plus laborieuse et qu'il ne m'a articulé aucune demande. Votre bienfaisance et votre justice, citoyen Ministre, lui tiendront compte au moment opportun et de sa modestie et de son désintéressement.

De son côté, le général BRUNE avait remis à Kieffer, pour le Ministre, le 8 messidor an xi (27 juin 1803), une lettre non moins élogieuse :

Ce jeune homme a su se faire aimer et estimer par la douceur de son caractère et la pureté de ses mœurs non seulement des ministres étrangers amis de la France et des nationaux, mais encore de toutes les personnes de la légation actuelle. Je désire sincèrement, citoyen Ministre, que la mission dont je le charge lui fasse obtenir de votre équité une augmentation de traitement, pour venir ensuite reprendre son poste à Constantinople, où son travail et ses connaissances locales sont très utiles, à moins que vous ne jugiez à propos d'utiliser ailleurs ses talents et son zèle.

Muni de tels satisfecit, KIEFFER fut très bien accueilli dans les bureaux du Ministère des Relations extérieures, si bien même que, un mois après son arrivée à Paris, le 2 brumaire an xii (25 octobre 1803), il n'hésitait pas à exposer à M. d'HAUTERIVE, chef de la deuxième division politique, ses désirs et ses espoirs. Nous avons déjà publié précédemment la plus grande partie de cette lettre [1]. Qu'il nous suffise de la résumer.

KIEFFER désire rester attaché au Ministère des Relations extérieures et fait valoir les services qu'il y pourrait rendre. Résidant à Paris, il profiterait des « trésors qui sont déposés à la Bibliothèque nationale » pour étendre ses connaissances dans les langues orientales. Les inquiétudes que son retour en Turquie causerait à sa mère septuagénaire et infirme, enfin « les vues qu'il a sur une jeune personne qui ferait sûrement son bonheur », mais dont les parents se décideraient difficilement à la laisser partir pour Constantinople, sont autant de raisons qui lui font souhaiter un emploi à Paris.

Ce vœu fut exaucé. KIEFFER fut nommé secrétaire interprète au Ministère des Relations extérieures ; sa vie était fixée.

Donnons quelques exemples de la manière dont il exerça ses fonctions.

En 1807, KIEFFER fut chargé de traduire en turc les *Bulletins de la Grande Armée* de 1805, 1806, 1807 et les deux Traités de Tilsitt. Il communiqua ce travail à RUFFIN, à qui il écrivait, le 3 octobre 1807 :

Je vous dois la plus grande reconnaissance du jugement que vous avez bien voulu porter sur le travail de la première traduction et que vous

___

[1] *Silvestre de Sacy et ses correspondants*, p. 71.

avez communiqué au général ambassadeur. J'y ai vu une nouvelle preuve de votre amitié pour moi. Je n'approuve cependant pas que vous ayez probablement agi dans cette circonstance contre votre conviction, car je sais bien ce que mon travail vaut. Je n'ai pas à m'en enorgueillir. C'est votre grande indulgence seule qui vous a engagé d'en porter un jugement aussi favorable. Mais l'opinion avantageuse que vous voulez bien avoir et donner de moi me stimulera de faire mes plus grands efforts de le mériter dans la suite.

Pour cette traduction, on avait donné à Kieffer un collaborateur nommé Belletête, jadis attaché en Égypte à l'armée française, présentement secrétaire interprète, adjoint à Jaubert. Kieffer en parle assez ironiquement :

La langue turque ne lui est connue que par la théorie. Il fait en ce moment imprimer une traduction française qu'il a faite des « Quarante vizirs ». Il paraît avoir beaucoup de moyens, car il ne voit nulle part de difficultés.

La traduction des lettres adressées par les princes orientaux et barbaresques au gouvernement français lui incombait. Un certain nombre de pièces figurant dans le tome II de la *Correspondance des Deys d'Alger avec la Cour de France* [1] portent cette mention : « Traduit par Kieffer, secrétaire interprète du Ministère des Affaires étrangères », titre qui devient, sous la Restauration, « secrétaire interprète du Roi ».

Il appartenait aussi aux secrétaires interprètes du Ministère d'accompagner les ambassadeurs orientaux accrédités auprès du Souverain. Un ambassadeur marocain, Idris Rami, vint en France en 1807, pour présenter des chevaux donnés à l'Empereur par le sultan son maître [2].

Chargé de la conduite de cet envoyé, Kieffer en entretient Ruffin dans sa lettre du 3 octobre 1807, qui dut d'autant plus l'intéresser que lui-même avait, en 1777, rempli le même rôle que son élève auprès du dernier ambassadeur marocain venu en France.

Pour ce qui concerne ma mission maghribiée, je vous avoue qu'elle m'a donné bien des embarras, d'autant plus que je n'avais pas l'habitude de

---

[1] Cette correspondance a été publiée par M. Eugène Plantet, 1889.

[2] *Lettres inédites de Talleyrand à Napoléon, 1800-1809*, publiées par Pierre Bertrand, Paris, 1889 ; in-8°, p. 473.

parler arabe et que je ne comprenais que difficilement le dialecte et la prononciation du Maroc. L'ambassadeur ne sait que ce dialecte. Fort heureusement pour moi, il est accompagné d'un Français nommé Larbre, natif
de Clermont, qui a séjourné plusieurs années dans les États de Maroc et
qui parle la langue de ce pays. Ce Français m'assure avoir l'honneur d'être
connu de vous. Il était parti, il y a plus de vingt-cinq ans, avec un ambassadeur de France qui alla à Maroc. Après son retour à Paris, il repartit
pour le même pays en 1794 ou 95 avec M. Durocher. Il vient d'être nommé
vice-consul à Maroc et y va retourner avec El Hadgi Idris Rami... Je suis
chargé d'accompagner cet ambassadeur jusqu'à Bayonne.

En 1812, un jeune orientaliste nommé Desgranges fut donné
comme adjoint à Kieffer.

On a cru, écrit-il le 7 octobre 1812 à Ruffin qui le protégeait, que je
pourrais être utile au Ministère, soit en secondant M. Kieffer dans les traductions, soit pendant le séjour des ambassadeurs orientaux à Paris.

Kieffer passait en Orient pour disposer d'un certain crédit dans
les bureaux du département. Un certain Louis Gaspary, qui était
interprète au consulat de France à Alexandrie, écrit à Ruffin le
30 mars 1813 que «son bon ami Kieffer», à qui il avait fait part de
son désir de rester à Alexandrie comme chancelier premier interprète, lui avait promis de l'appuyer auprès du Ministre et des chefs
de bureau.

Kieffer fut fait chevalier de la Légion d'honneur le 22 janvier 1815. Nommé premier interprète le 9 novembre 1819, il
conserva ses fonctions jusqu'en septembre 1829, époque où il fut
admis à la retraite.

V

DANIEL KIEFFER PROFESSEUR AU COLLÈGE DE FRANCE.

Peu de temps après avoir été attaché au Ministère des Relations
extérieures, Kieffer devint professeur suppléant au Collège de
France.

Nous avons exposé dans un ouvrage précédent la suite des événements assez compliqués qui aboutit à l'entrée de Kieffer et de
Silvestre de Sacy au Collège de France. Nous nous contenterons
de les résumer ici.

En 1805, Pierre Ruffin était le titulaire de la chaire de langues turque et persane [1]. Depuis son départ pour Constantinople en l'an III, il avait été suppléé par un ancien drogman sans notoriété nommé Jean-Baptiste PERILLE. Lorsque la succession de Perille s'ouvrit, Kieffer qui, à son défaut, avait fait le cours pendant un an, aspira à le remplacer définitivement. Le Ministère des Relations extérieures lui prêta, dans la circonstance, un appui sans réserve. TALLEYRAND fit écrire le 2 fructidor an XIII (20 août 1805) «à MM. les procureur gérant et professeurs du Collège de France» une lettre dans laquelle il exposait de la manière la plus élogieuse les titres de Kieffer.

Persuadé, disait-il, que c'est remplir vos intentions, Messieurs, que de vous témoigner de l'intérêt pour les personnes qui se mettant peu en avant par modestie peuvent cependant paraître dignes de concourir à vos succès dans l'enseignement public, j'ai l'honneur d'indiquer à votre attention M. Kieffer, professeur de langue turque au Prytanée.

Le Ministre résume ensuite la biographie de KIEFFER et termine en le rattachant flatteusement à la belle lignée des orientalistes, qui furent simultanément secrétaires interprètes et professeurs au Collège de France.

Plusieurs professeurs des langues orientales au Collège de France avaient été comme M. KIEFFER secrétaires interprètes du gouvernement. MM. GALLAND, CARDONNE, RUFFIN sont de ce nombre, et l'estime dont leurs noms jouissent parmi vous peut vous prévenir favorablement pour une personne qui, s'étant formée aux leçons de l'un d'eux, a pour motifs d'encouragement leurs succès et ses propres connaissances.

La candidature de KIEFFER obtint un plein succès auprès des professeurs du Collège de France, qui dans leur assemblée du 21 brumaire an XIV (11 novembre 1805) l'élurent à l'unanimité suppléant de RUFFIN.

Quelques mois plus tard, le 2 juin 1806, LEFÈVRE-GINEAU, administrateur du Collège, écrivait à ce sujet à Ruffin :

Vous aurez appris que M. KIEFFER a été présenté par les professeurs du Collège de France pour être votre suppléant et qu'il a été nommé en cette

---

[1] *Talleyrand et les chaires de langues turque et persane au Collège de France, en 1805*, dans *Silvestre de Sacy et ses correspondants*, p. 68-81.

qualité. Le Ministre des Relations extérieures nous avait communiqué les lettres par lesquelles vous lui recommandiez ce jeune homme. Nous n'avions rien de mieux à faire que de choisir celui qui avait mérité votre attention et votre intérêt. Aussi M. Kieffer a-t-il obtenu l'unanimité de nos suffrages. Dans cette présentation, vos confrères ont voulu vous donner un témoignage de leur déférence au jugement que vous aviez porté et de l'attachement qu'ils vous conservent.

KIEFFER n'eut pas à enseigner à la fois le turc et le persan, comme Ruffin l'avait fait jadis. Le 22 brumaire an XIV (12 novembre 1805), le lendemain même du jour où il avait été élu suppléant par l'assemblée du Collège, un décret impérial signé à Saint-Polten (Basse-Autriche) établissait que «la chaire des langues orientales, persane et turque au Collège de France serait divisée et qu'il serait attaché un professeur particulier à chacune de ces deux langues». La chaire de persan fut dévolue à SILVESTRE DE SACY, le turc seul constitua la matière de l'enseignement de Kieffer.

Ce décret avait été provoqué par TALLEYRAND. En 1805, la diplomatie française amorçait une alliance contre la Russie avec le chah de Perse FETH ALI par l'envoi à Téhéran de deux missions secrètes, prélude de la célèbre mission du général Gardane. L'attention apportée par le Ministre des Relations extérieures à l'enseignement des langues orientales au Collège de France s'explique, croyons-nous, par sa politique orientale [1].

KIEFFER resta professeur suppléant jusqu'en 1822. A cette date, Ruffin, qui vivait toujours à Constantinople et qui atteignait quatre-vingts ans, exprima son intention de se démettre de sa chaire en faveur de son suppléant.

KIEFFER lui envoya un modèle de démission :

Je cède enfin, lui écrit-il le 23 mai 1822, aux instances réitérées contenues dans plusieurs de vos lettres et particulièrement dans celle du 26 janvier dernier et vous envoie cette pièce toute prête à être signée par vous et telle que M. Lefèvre-Gineau l'a rédigée lui-même... Je vous demande mille pardons de vous importuner pour cet objet, mais tant qu'il ne sera pas définitivement réglé, mon esprit et mon cœur sont inquiets. Nous vivons dans des temps où l'esprit de parti règne encore avec tant de violence que l'on ne saurait entièrement se confier dans la justice de sa cause. Rendez donc, mon respectable ami, à votre ancien élève la tranquil-

[1] Cf. *Silvestre de Sacy et ses correspondants*, p. 78.

lité d'esprit sans laquelle il ne saurait être parfaitement heureux ; je vous en aurai une éternelle reconnaissance. Vous mettrez par là le comble à tous les importants services que vous m'avez déjà rendus et qui sont profondément gravés dans mon cœur.

A l'assemblée des professeurs du Collège de France tenue le 28 juillet 1822, il fut donné lecture de la lettre suivante du Ministre de l'Intérieur :

M. Ruffin prévoyant que son grand âge et ses infirmités ne lui permettront plus de remplir les fonctions de professeur de la langue turque au Collège royal de France vient de m'envoyer sa démission en exprimant le vœu de voir choisir pour son successeur M. Kieffer.

A l'unanimité des quinze professeurs présents, KIEFFER fut élu professeur de langue turque et nommé par ordonnance royale du 11 septembre 1822.

Professeur suppléant, puis titulaire, KIEFFER enseigna donc la langue turque au Collège de France de 1805 à 1833. On voudrait savoir de quelle manière il comprit cet enseignement. Malheureusement, les archives du Collège de France ne possèdent pour cette période qu'un seul programme des cours, ceux qui furent donnés pendant le deuxième semestre de 1828. On y lit : « M. KIEFFER, premier secrétaire interprète du Roi, après avoir développé les principes de la grammaire turque, continuera l'explication des *Annales de l'Empire ottoman* et du *Humayoun Nameh* les lundis, mercredis et vendredis à dix heures» [1].

<h2 style="text-align:center">VI</h2>

L'ÉLABORATION DU DICTIONNAIRE TURC-FRANÇAIS.

Non content de s'acquitter de ses fonctions de secrétaire interprète et de faire trois leçons par semaine au Collège de France, Kieffer entreprit une œuvre littéraire aussi considérable qu'utile : la rédaction d'un *Dictionnaire turc-français*.

[1] J'adresse l'expression de mes vifs remerciements à M. Maurice CROISET, administrateur du Collège de France, qui m'a autorisé à consulter les archives du Collège de France, et à M. François PICAVET, secrétaire du Collège de France, qui a mis toute son obligeance à me faciliter cette consultation.

Au début du xixᵉ siècle, le seul instrument de travail à la disposition des érudits et des interprètes était le lexique turc-arabe-persan-latin de MENINSKI, en cinq tomes grand in-folio; les exemplaires en coûtaient fort cher. La publication d'un dictionnaire turc-français de format commode et de prix modéré était donc désirable.

Ce dessein fut non seulement approuvé par le Ministère des Relations extérieures, mais favorisé dans son exécution. Il fut décidé que les articles du dictionnaire rédigés à Paris par KIEFFER seraient communiqués à RUFFIN, revus par lui et retournés à leur auteur.

Nous ne possédons malheureusement aucune des lettres que KIEFFER adressa certainement sur ce sujet à Ruffin en 1805 et en 1806. Dans une lettre adressée à D'HAUTERIVE le 30 décembre 1806, celui-ci approuve le projet en ces termes :

Mon laborieux confrère M. KIEFFER a entrepris sous les heureux auspices du Prince ministre et d'après vos excellents conseils un ouvrage qui serait de la plus grande utilité, et je serais très flatté de pouvoir contribuer en quelque chose à son succès ; mais je dois avant tout vous avouer ingénument et hors de toute fausse modestie que je me sens incapable de corriger son plan ou de l'améliorer comme il l'attend de moi : que j'ai cherché à m'environner des lumières d'autrui ; que presque tous ceux que j'ai consultés ont des méthodes confuses et très opposées à la nôtre, soit pour rendre dans nos caractères l'orthographe turque, soit pour l'admission dans cet idiome des mots arabes et persans. Il m'a fallu, en conséquence, renoncer à tout secours étranger, et malheureusement j'ai été si occupé qu'il m'a été impossible de me recueillir et de méditer sur l'objet ; mais j'y donnerai toute mon attention dès que je pourrai en disposer. Je m'estimerais heureux si je pouvais ajouter, ne fût-ce qu'un grain de sable, à la masse du travail, de l'érudition et des connaissances d'un homme aussi estimable et d'un ami aussi solide que M. Kieffer. Souffrez que je vous demande pour lui la continuation de votre bienveillance et qu'il trouve ici l'assurance de mon invariable attachement.

RUFFIN confirma son approbation du projet dans une lettre adressée à TALLEYRAND le 19 janvier 1807.

Quelques semaines plus tard, quand l'escadre anglaise commandée par l'amiral DUCKWORTH menaça Constantinople d'un bombardement, qui aurait pu détruire cette ville si facile à incendier, Ruffin pensa à sauver les feuilles du Dictionnaire qu'il détenait :

> Dans ce moment, écrit-il le 22 février 1807 au Ministre des Relations extérieures, où la présence d'une escadre anglaise menace de mettre à feu et à sang une capitale de huit cent mille âmes, qui peut aisément fournir deux cent mille hommes armés, si tous les Français n'en sont pas immédiatement chassés, il me paraît prudent de soustraire aux chances de l'événement le plus que je pourrai du travail de M. Kieffer, et je tiens prêt par le premier courrier que le général ambassadeur jugera convenable d'expédier à Votre Altesse huit feuilles in-folio ci-jointes du Dictionnaire turc, qu'Elle a eu la bonté de me faire passer avec ordre de le reviser et d'y faire mes observations. Je compte pour bien peu de chose l'attention et le soin que j'ai dû y donner, mais je serais affligé de la perte d'un ouvrage utile qui a coûté un long labeur à M. Kieffer et qui m'a été recommandé par Votre Altesse.

Et quelques jours plus tard, Ruffin envoie encore les quinze dernières feuilles du Dictionnaire en sa possession.

Il est souvent question du Dictionnaire dans les lettres adressées par Kieffer à Ruffin en 1808. Il éprouve parfois quelque lassitude.

> Je crains bien que la peine que nous avons prise pour ce travail, écrit-il le 24 juin 1808, ne soit inutile. Cette crainte, je ne vous le dissimule pas, m'a découragé et je ne travaille plus avec le même zèle.

Ce zèle qui se ralentissait retrouva tout son élan en 1811, quand Kieffer vit l'intérêt que le duc de Bassano, ministre des Relations extérieures, et d'Hauterive prenaient à l'ouvrage. Sur leur conseil, il se décida à l'amplifier considérablement.

Il fit part de cette résolution à Ruffin dans une très longue lettre datée du 14 décembre 1811, où il expose son plan de travail :

> J'ai profité, mon respectable ami, de la lettre que vous avez eu la bonté d'écrire au Ministre pour lui recommander mon travail sur le dictionnaire turc, pour parler de nouveau de ce travail à M. d'Hauterive et des nombreuses corrections et additions que vous avez bien voulu y faire. J'ai trouvé chez ce respectable ami et protecteur toute la bienveillance que je pouvais espérer de lui. Il m'a engagé à lui remettre un mémoire détaillé sur le plan de notre travail et sur l'utilité qui en pourra résulter pour les Français établis au Levant ; et il m'a promis de faire au Ministre un rapport

favorable sur notre ouvrage. Il a tenu sa promesse, et Son Excellence le duc DE BASSANO a décidé que notre Manuel serait imprimé aux frais et sous les auspices du Ministère des Relations extérieures. Mais le Ministre et M. D'HAUTERIVE ont paru désirer que nous donnions à cet ouvrage toute l'étendue et la perfection dont il est susceptible. Il était avant tout nécessaire de connaître le nombre de pages auquel le travail actuel s'élèverait lorsqu'il serait imprimé. Un essai fait à l'Imprimerie Impériale fait présumer qu'en employant le format in-4° à deux colonnes par page, le tout formerait environ 800 pages. Mais dans ce volume est comprise la prononciation en caractères français des phrases turques, et d'après votre conseil je me suis décidé à la supprimer, ce qui causera une diminution de près d'un tiers et réduira notre volume à 550 ou 600 pages, tandis que j'aurais voulu le porter à 1,000 ou 1.200 pages, ce qui paraît aussi être le désir de M. D'Hauterive, en m'engageant à donner à notre travail plus d'étendue et de perfection. Il s'agit donc d'aviser aux moyens de remplir ce vœu, et je vais vous soumettre, mon respectable maître, les idées qui se sont successivement présentées à mon esprit en réfléchissant sur cet objet. Je désire qu'elles obtiennent votre approbation. J'espère surtout que vous ne me refuserez pas la prière de permettre que votre nom soit mis en tête de notre travail perfectionné et que mon nom paraisse sous l'égide protectrice du vôtre. Vous m'avez déjà laissé entrevoir cet espoir, et maintenant qu'il est question de refaire pour ainsi dire tout ce que nous avons déjà fait, j'ai besoin de cet espoir pour reprendre ce travail avec plus de courage que jamais et pour le porter à ce point de perfection qui soit digne de la haute réputation dont vous jouissez dans toute l'Europe. Je prévois, à la vérité, dans le travail que j'ose vous proposer un nouveau sacrifice de votre part, la nécessité de prolonger encore votre séjour à Constantinople jusqu'au moment au moins où le manuscrit sera complètement achevé ; mais toute votre vie n'a été qu'une suite non interrompue de sacrifices offerts par vous à la patrie. J'aime donc croire que vous ne me refuserez pas de lui offrir ce dernier en considérant les avantages que votre travail procurera à ceux qui se livreront à l'étude de la langue turque.

KIEFFER expose alors les moyens propres à accroître l'étendue du Dictionnaire.

Le premier, c'est d'ajouter aux mots turcs déjà expliqués dans la première version du travail des *exemples*, qu'il faudrait « choisir de préférence dans le langage usuel et arranger de manière qu'on y trouve le régime des verbes». La lecture des *Capitulations* qui règlent les rapports de la Porte avec les Puissances européennes a déjà procuré quelques exemples à KIEFFER, celle des *Recueils de proverbes* en accroîtrait le nombre. On pourrait également former des phrases

turques en rapprlant les événements contemporains, tels que la prison de la Légation de France aux Sept-Tours en 1798 et la défense
de Constantinople par le général SÉBASTIANI contre la flotte anglaise
en 1807.

Personne au monde plus que vous, écrit KIEFFER à RUFFIN, n'est en état
de fournir ces exemples et de les rendre intéressants à cause de vos connaissances étendues sur l'histoire, la législation, l'administration, les usages
et les coutumes des Ottomans. Vous en aviez, à la vérité, déjà fourni un
grand nombre, mais votre vaste érudition ne s'épuisera jamais.

Le second moyen d'amplifier le *Dictionnaire* consistera à ajouter
de nouveaux articles, à augmenter le nombre des mots turcs cités,
traduits et expliqués, et Kieffer indique les sources dans lesquelles
on pourra puiser de nouveaux mots turcs.

La première, ce sont certains dictionnaires ou ouvrages turcs.
Il a déjà fait des extraits d'un dictionnaire turc-arabe publié à Constantinople en 1802, d'un autre dictionnaire persan-turc appelé
Burhan kati, de l'ouvrage intitulé *Lehdjet ul-loghat*, dictionnaire turc
de ES'AD EFFENDI publié en 1795, de la chronique turque de SAAD-
UDDIN. Il a extrait d'une géographie turque des noms de régions,
de villes et de cours d'eau. Son ami LANGLÈS, conservateur des manuscrits orientaux à la Bibliothèque impériale, qui approuve le plan
de ce Dictionnaire et encourage KIEFFER, lui a déjà communiqué
des manuscrits turcs de la Bibliothèque contenant des règlements
sur l'administration de l'Empire ottoman et lui a promis le *Kanoum
Namé* de SOLIMAN.

Une seconde source qui doit être féconde, ce sont les ouvrages
écrits sur la Turquie par des Occidentaux qui ont, chemin faisant,
inséré dans leur texte des mots turcs, tels que le *Tableau de l'Empire ottoman* par D'OHSSON, les *Mémoires* du baron DE TOTT, le
Commerce de la mer Noire par PEYSSONEL, les Voyages de TAVERNIER
et de LE CHEVALIER.

Pour enrichir le dictionnaire, il y aurait encore lieu de recueillir
à Constantinople les termes de marine relatifs à la construction
et à la manœuvre des bâtiments ; les termes professionnels dont se
servent les ingénieurs, les pharmaciens, les teinturiers et les arti-
sans. Pour ces derniers KIEFFER rappelle à RUFFIN qu'ils pourraient
bien être procurés par l'un des fonctionnaires de l'ambassade, le
drogman FRANCHINI l'aîné, « qui a beaucoup fait bâtir et connaîtra

sans doute un grand nombre de ces termes techniques, employés par les charpentiers, maçons et serruriers ».

Enfin il y aurait un dernier moyen de donner au dictionnaire toute sa valeur, c'est d'y faire entrer tous les termes relatifs aux institutions de l'Empire ottoman.

Mais un moyen essentiel de donner à notre travail un intérêt encore plus grand et plus général, c'est de saisir toutes les occasions pour donner des notions exactes et détaillées sur la religion, les établissements religieux, les fondations pieuses, la législation, la jurisprudence, les oulémas, l'administration des provinces, les finances, les diverses branches des impositions et revenus publics, l'organisation des bureaux de la Porte, de l'armée en général, du corps des janissaires, des corps de cavalerie, des zaïms et timariotes, de la marine; sur les charges et places de l'Empire depuis le Grand vizir jusqu'au dernier commis, sur toutes les charges du sérail et les personnes qui sont attachées au service de Sa Hautesse, en particulier sur le Nizami-Djedid, sur l'organisation des troupes qui en font l'objet et sur les impôts établis pour payer leur solde : en un mot, notre manuel doit offrir une espèce de statistique sur l'Empire ottoman.

Comme on le voit, ce n'était rien moins qu'une Encyclopédie de l'Empire ottoman, par ordre alphabétique des mots turcs, que Kieffer se proposait désormais de composer : vaste dessein, approuvé par Langlès, par d'Hauterive et par le Ministre des Relations extérieures.

Kieffer entretient encore Ruffin de leur commun travail dans une lettre du 10 mars 1812 :

Je vous remercie de l'explication de plusieurs mots et phrases turcs dont le sens n'avait pas été bien clair pour moi, ainsi que de l'envoi d'une centaine de proverbes turcs avec leur interprétation. J'en ferai usage pour les insérer dans notre Manuel.

Mais, après cette date, nous ne disposons plus d'aucune lettre jusqu'en 1822 [1]. Nous ignorons dans quelle mesure Kieffer poursuivit son entreprise.

[1] La correspondance entre Kieffer et Ruffin continue cependant entre ces deux dates, comme le prouve la mention d'une lettre de Ruffin à Kieffer du 10 novembre 1813 sur une lettre du premier à Jean Lesseps, ainsi que l'allusion à un ordre de Ruffin de payer 67 fr. 50 à Kieffer dans une lettre de Jean Lesseps du 4 mai 1814.

Quand il succomba, le 29 janvier 1833, l'ouvrage n'avait pas vu le jour.

L'histoire de l'érudition ne compte que trop d'exemples de faillites d'entreprises similaires. Mais, par bonheur, les veilles de Kieffer et de Ruffin ne restèrent pas infécondes.

En 1835 parut, imprimé à l'Imprimerie royale, un ouvrage en deux forts volumes in-8° intitulé : *Dictionnaire turc-français à l'usage des agents diplomatiques et consulaires, des commerçants, des navigateurs et autres voyageurs dans le Levant*, par J.-D. Kieffer et T.-X. Bianchi.

Xavier Bianchi, né en 1783, était un ancien élève de Silvestre de Sacy qui avait été admis à l'École des jeunes de langue à Constantinople, où il avait été connu et apprécié de Pierre Ruffin. Drogman du Consulat général de France à Smyrne de 1812 à 1815, il avait été nommé après son retour professeur à l'École des jeunes de langue de Paris. Il se livra à de nombreux travaux d'érudition orientale.

Or il avait, dit-il dans la préface de ce *Dictionnaire turc-français*, conçu le projet d'un ouvrage de ce genre, quand Mme veuve Kieffer lui remit le travail de son mari et de Ruffin. « Ce double concours du savoir et de l'expérience de deux orientalistes aussi consciencieux me fit apprécier, dès les premiers moments, tout l'avantage que je pourrais tirer, pour une prompte publication, du manuscrit de M. Kieffer, que sa veuve, dans notre intérêt mutuel, avait mis à ma disposition. »

Bianchi ajoute qu'il a apporté à ce manuscrit des retouches fort importantes. Il se peut. Pourtant, sans vouloir déprécier le mérite de Bianchi, il faut constater que le Dictionnaire publié en 1835, c'est, réalisé, le projet développé par Kieffer en 1811.

Ces catégories de termes et les exemples explicatifs dont Kieffer voulait en 1811 enrichir l'ouvrage, ils figurent dans le Dictionnaire de 1835. Extraits des *Capitulations*, proverbes turcs, exemples empruntés à l'histoire contemporaine de la Turquie, mots géographiques, termes usuels, termes relatifs aux usages et aux institutions publiques de l'Empire ottoman, on les trouve dans le Dictionnaire. Parfois, jaloux de s'appuyer sur l'autorité de l'orientaliste, dont la mémoire était encore très vivante en 1835, Bianchi mentionne que l'auteur de tel ou tel article est « Ruffin ». Mais essayer de faire le départ entre ce qui revient à Kieffer, à Ruffin et à Bianchi dans cet ouvrage serait impossible et d'ailleurs fort inutile. Grâce à ce triple concours, un ouvrage a été mis sur pied qui fait honneur à la science française et qui, riche d'exemples multiples et choisis, est encore, comme l'espérait KIEFFER, consulté avec profit par des personnes qui ne sont pas orientalistes de profession.

Pendant la dernière partie de sa vie, KIEFFER avait négligé le Dictionnaire turc en faveur d'autres travaux.

Nous avons dit au début que, dans sa jeunesse, il avait pensé se consacrer au ministère évangélique. Dans ses dernières années, il se donna tout entier aux études bibliques. Il entreprit l'œuvre immense de traduire la Bible en turc, « moins soutenu dans son travail par l'idée du juste tribut d'éloges qu'une telle entreprise lui assurait de la part du monde savant que par la conviction profonde de servir les intérêts de la religion ».

La diffusion de la Bible devint l'un des principaux objets de sa vie. Il était membre du consistoire de l'Église évangélique de la confession d'Augsbourg, de la Société des missions évangéliques, de la Société biblique de Paris et l'agent principal de la Société biblique étrangère. L'apôtre l'emporta graduellement sur le savant.

VII

L'AMITIÉ DE DANIEL KIEFFER POUR PIERRE RUFFIN.

Uni à RUFFIN par l'orientalisme, KIEFFER le fut encore par des sentiments de respectueuse amitié, dont la correspondance présente maint témoignage. Cet essai biographique serait incomplet si l'on négligeait d'insister sur ce point.

Vous me manquez bien souvent, mon bon ami et maître, lui écrit-il le 19 ventôse an XII. J'aurais presque à chaque instant besoin de vos conseils, de vos lumières, de vos leçons; j'étais si accoutumé à avoir recours à vos bontés toutes les fois que j'étais embarrassé, que vous me manquez à tout moment.

Il s'inquiète de la santé de son ami :

Je craignais que votre maladie n'eût des suites fâcheuses, lui écrit-il à la même date, mais, grâce au ciel, vous êtes débarrassé des plus fortes douleurs. et il faut espérer que ce rhumatisme au bras droit vous quittera aussi... Veillez bien à la conservation de vos jours, mon bon ami, ils sont si précieux à tous vos amis et à moi en particulier.

En arrivant à Paris, Kieffer avait retrouvé Barthélemy Lesseps et sa femme, et il entretint avec eux des relations aussi suivies que leurs fréquentes absences le lui permirent. Il se plaît à en donner des nouvelles à Ruffin :

J'ai eu, écrit-il le 3 octobre 1807, la satisfaction de voir Madame Lesseps et ses trois aimables demoiselles. Mademoiselle Aimée[1], que j'avais vue bien petite à Constantinople, est aujourd'hui aussi grande que sa bonne maman. Je connais tout le bonheur que vous goûteriez si vous vous trouviez réuni à ce que vous avez de plus cher au monde et si vous pouviez couler paisiblement le reste de vos jours au sein de votre famille.

Kieffer voyait de temps à autre Thomas Ruffin, et il en donnait des nouvelles à son père. Le 20 avril 1809, il raconte qu'il l'a reçu à dîner avec Caussin de Perceval. Le 30 janvier 1810, il écrit à son propos :

J'ai fait part à M. votre fils de l'article qui le concerne et de votre vœu qu'il ne se séquestre déjà du monde. Mais il paraît qu'il a un goût décidé pour les mathématiques et la solitude.

Lui-même, Kieffer, ne doute pas qu'il fera plaisir à Ruffin en l'entretenant des siens :

Persuadé que vous vous intéressez à tout ce qui me concerne, je prends la liberté de vous donner des nouvelles de mon petit garçon qui vient on ne peut mieux, et est une source intarissable de jouissances pour moi. Il est aussi vif et turbulent que son père est tranquille et silencieux. Ce contraste, bien loin de me déplaire, me cause le plus grand plaisir. Ma femme me charge de vous témoigner sa sensibilité des choses agréables que vous me chargez de lui dire ; elle aspire vivement au bonheur de connaître l'ami et le bienfaiteur de son mari.

L'amitié de Kieffer se manifesta encore et surtout dans les efforts qu'il fit pour faire revenir Ruffin à Paris.

Huit jours après son arrivée, le 8 vendémiaire an XII (1er octobre 1803), Kieffer aborde ce sujet, et il y revient dans la plupart de ses lettres.

Je n'ai depuis mon retour à Paris, écrit il le 3 octobre 1807, cessé d'entretenir M. d'Hauterive de votre vœu de rentrer en France, et ce digne chef

---

[1] L'aînée des filles de M. et Mme Barthélemy Lesseps.

m'a toujours paru disposé de contribuer de tous ses moyens à l'accomplissement de ce vœu, mais je ne sais quelle main invisible s'y oppose constamment... M. d'Hermand reconnaît également qu'il serait juste de vous faire revenir, et je sais qu'il en a même déjà parlé à M. de Champagny. Continuons donc d'espérer ; votre délivrance arrivera peut-être au moment où nous nous y attendrons le moins.

Le 24 juin 1808, Kieffer fait part à Ruffin de ses nouveaux efforts :

J'avais renouvelé mes instances auprès de MM. d'Hauterive, d'Hermand et Roux pour qu'ils réunissent tous leurs efforts pour vous faire revenir en France. Ces trois messieurs m'avaient promis de solliciter vivement le ministre pour cet objet ; mais j'ai depuis appris avec la plus vive peine que nos démarches ont été de nouveau infructueuses. Il ne faut cependant pas perdre tout espoir, car votre demande est trop juste pour que vous n'obteniez pas ce que vous désirez. Je ne conçois pas pourquoi on s'obstine tant à ne pas vous laisser revenir en France ; car le seul motif qu'on allègue, que vous êtes trop utile à Constantinople pour qu'on puisse vous rappeler, est fondé à la vérité en partie, mais il n'est cependant pas juste qu'on vous sacrifie après cinquante années de service. J'en ai parlé au général Sebastiani depuis son retour ; il m'a paru qu'il ferait tout ce qui dépendrait de lui pour vous obliger.

Kieffer rappelait souvent le désir de Ruffin aux hauts fonctionnaires du Ministère des Relations extérieures en rapport direct avec le Ministre, mais en vain. Ruffin était considéré en quelque sorte comme une partie intégrante de l'ambassade de Constantinople, et on se refusait à l'en détacher.

*
* *

Après son retour de Turquie, Kieffer passa toute sa vie à Paris. Néanmoins il n'oubliait pas qu'il était Alsacien. Nous savons qu'en 1808 il vint passer ses vacances à Strasbourg. Y revint-il ultérieurement, c'est possible, mais nous n'avons aucun texte qui nous permette de l'affirmer.

Les quarante premières années du xixe siècle furent l'époque la plus brillante de l'orientalisme français. A Paris, Silvestre de Sacy édifie par ses ouvrages, ses mémoires, ses éditions de textes, ses traductions, une œuvre scientifique qui fait encore notre admiration. A Constantinople, Pierre Ruffin jette sur l'ambassade, par sa connaissance de la Turquie, de sa langue, de son histoire, de sa politique et de ses usages, un éclat jusqu'alors inconnu. Tous deux recherchent, instruisent, soutiennent des disciples. Autour d'eux, consuls, secrétaires interprètes, drogmans, professeurs, tels que Jaubert, Jouannin, Joseph Rousseau, de Corancez, Jean Raymond, Ducaurroy, Xavier Bianchi, Asselin, les deux frères Desgranges cultivent à l'envi les lettres orientales.

Secrétaire interprète du Ministère des Affaires étrangères, professeur au Collège de France, auteur du premier dictionnaire turc-français, Daniel Kieffer occupa dignement sa place dans ce groupe brillant.

Il fut l'un de ces Alsaciens qui contribuèrent au développement de la science française et qu'il est de notre devoir de revendiquer comme nôtres. Et puisque, cette année, c'est à Strasbourg que se réunit le Congrès des Sociétés savantes, il m'a semblé que c'était et le moment et le lieu de faire revivre quelques instants devant vous cette figure d'un orientaliste strasbourgeois insuffisamment connue.